Index Card Games
for
French

Supplementary Materials Handbook Five

Adapted by Susan Schuman
Illustrated by Patrick R. Moran

THE EXPERIMENT PRESS

PRO LINGUA　　ASSOCIATES

Publishers

Published jointly by

The Experiment Press
The Experiment in International Living
Brattleboro, Vermont 05301, and

Pro Lingua Associates
15 Elm Street
Brattleboro, Vermont 05301

Copyright © 1986 by The Experiment in International Living

All rights reserved. No part of this publication may be reproduced or transmitted in any form or by any means, electronic, mechanical, photocopying, recording or other, or be stored in an information storage or retrieval system except for classroom use, without permission in writing from the Director of The Experiment Press.

ISBN 0-86647-019-0

Library of Congress Cataloguing in Publication Data

Main entry under title:

Index card games for French

    (Supplementary materials handbook ; 5)
    "Based on the book Index card games for ESL"—Acknowledgements.
    1. French language—Study and teaching—English speakers. 2. Educational games. I. Schuman, Susan, 1944-   . II. Index card games for ESL. III. Series.
PC2129.E5I53   1986   448'.007'1073   86-30617

This book was set in Caledonia with Caslon display type by Stevens Graphics and printed and bound by The Book Press, both of Brattleboro, Vermont. Designed by Arthur A. Burrows

Printed in the United States of America

Acknowledgements

This collection of card games is based on the book *Index Card Games for ESL*, published jointly by Pro Lingua Associates and The Experiment Press. The games were originally developed by several staff members of The Experiment in International Living's International Students of English Program, especially Ruthanne Brown, Marilyn Bean Barrett, Joseph Bennett, Robert Carvutto, Janet Gaston, Harlan Harris, Bonnie Mennell, Oden Oak, Phillip Stantial, Elizabeth Tannenbaum, and Susan Treadgold. The collection was revised and edited by Raymond C. Clark.

Once again, we are indebted to The Experiment Press and its director Tim McMains for giving us permission to adapt the ESL games for the teaching of French and Spanish.

Special thanks for this adaptation go to Susan Schuman who is the Coordinator of Special Language Programs at The Experiment in International Living. Susan would like to acknowledge the assistance of Elisabeth Leete who double-checked the French translations.

Pro Lingua Associates

Vocabulary used in card games *Vocabulaire des jeux de cartes*

To play	Jouer
To play again	Rejouer
To turn over	Retourner
To win	Gagner
The turn	Le tour
The stack	La pile
The pile	Le tas
Your turn!	A votre tour!
The card	La carte
The team	L'équipe
To shuffle	Battre les cartes
To deal	Distribuer
To draw a card	Tirer une carte

Table de Matières

Introduction   1

Mariages   3
    Exemples de Mariages   7

Dire et Ecrire   21
    Exemples de Dire et Ecrire   24

Phrases Brouillées   35
    Exemples de Phrases Brouillées   35
    Exemples de Paragraphes Brouillés   43

Catégories   47
    Exemples de Catégories   50

La Soirée   56
    Exemples de situations de la Soirée   59

Qui Suis-je?   63
    Listes d'exemples de Qui Suis-je?   66

Introduction

This book is the starting point for what could be an extensive collection of *Index Card Games* for you or your department. We have provided simple directions for six kinds of games and a number of suggestions for specific games of each type. As a starting point, try some of the specific games we have suggested and then, once you get the hang of it, you will undoubtedly want to add games of your own to your collection. You will need to invest in a supply of 3 x 5 index cards to make your games, but by following our suggestions they won't take long to make, and once made they can be used over and over.

The games can be one of the most enjoyable supplementary activities you can do with your class whether you use them once a week or once a day. In an intensive language program you can easily use one a day and the students will not tire of them because they provide a pleasant and relaxing break from the hard work of battling with a stubborn language. Because the games are by nature a supplementary activity and a time-out from the rigors of formal teaching and learning, they are best used to review or practice words and sentences that have already been introduced. In a limited way however, the games can be used to introduce new bits and pieces of language —especially vocabulary items and idioms.

Beyond the fact that the games are fun and a welcome change of pace, they are also useful. As mentioned above, they can serve as a painless review of previously studied material.

They are also invaluable in helping build the class into a cohesive group, as long as the competitive aspect of the games is not taken seriously. In several of the games, groups of students have to work together toward a common goal — whether it be solving a problem or building up points and trying to win. In the process of working together the students necessarily have to interact with each other to help, support, suggest, encourage, correct, and even challenge each other. Inevitably, some teasing, joking, cheering, and playful booing pervade the classroom. In short, the games give everyone, teacher included, a chance to play and be playful. In a language classroom, play is useful.

These language games are useful in one other important way — they remove you the teacher from the spotlight and allow the students to deal with each other and the cards in front of them. You are there, of course. You get things started and total up the score and serve as the impartial referee, but you can stay out of the way for a while and let the players play.

Throughout the book we have graded our suggestions as being suitable for elementary, intermediate, or advanced classes. Please accept these labels with the understanding that they are not rigid. The more important point is that the games can be enjoyed by students at all levels. After some experience you will develop a good sense for what your class can do and can't do.

Have fun!

Mariages

Brief Description

Similar to the TV show *Concentration*, these games require the students to remember the location of the cards and to make pairs.

Purpose

To review vocabulary. Sometimes, new words can be added to the set, as long as the number of new words is small and not disruptive. A second purpose, if the game is played as a team activity, is to stimulate conversation among the team members — *"Je crois que le sept va avec le vingt-trois." "Vous rappellez-vous où est le _____?"* Finally, the game like all the card games is fun and contributes to group building.

Preparation

Choose a category, e.g. antonyms. Write a word on each of 15 cards and the matching antonym on another 15 cards. Shuffle the cards well and then turn them over and number them from 1 to 30 on the back.

Because the purpose of this game is to review something that has been taught rather than teach something new, go over the pairs before the game begins to be sure everybody knows what the 15 pairs are.

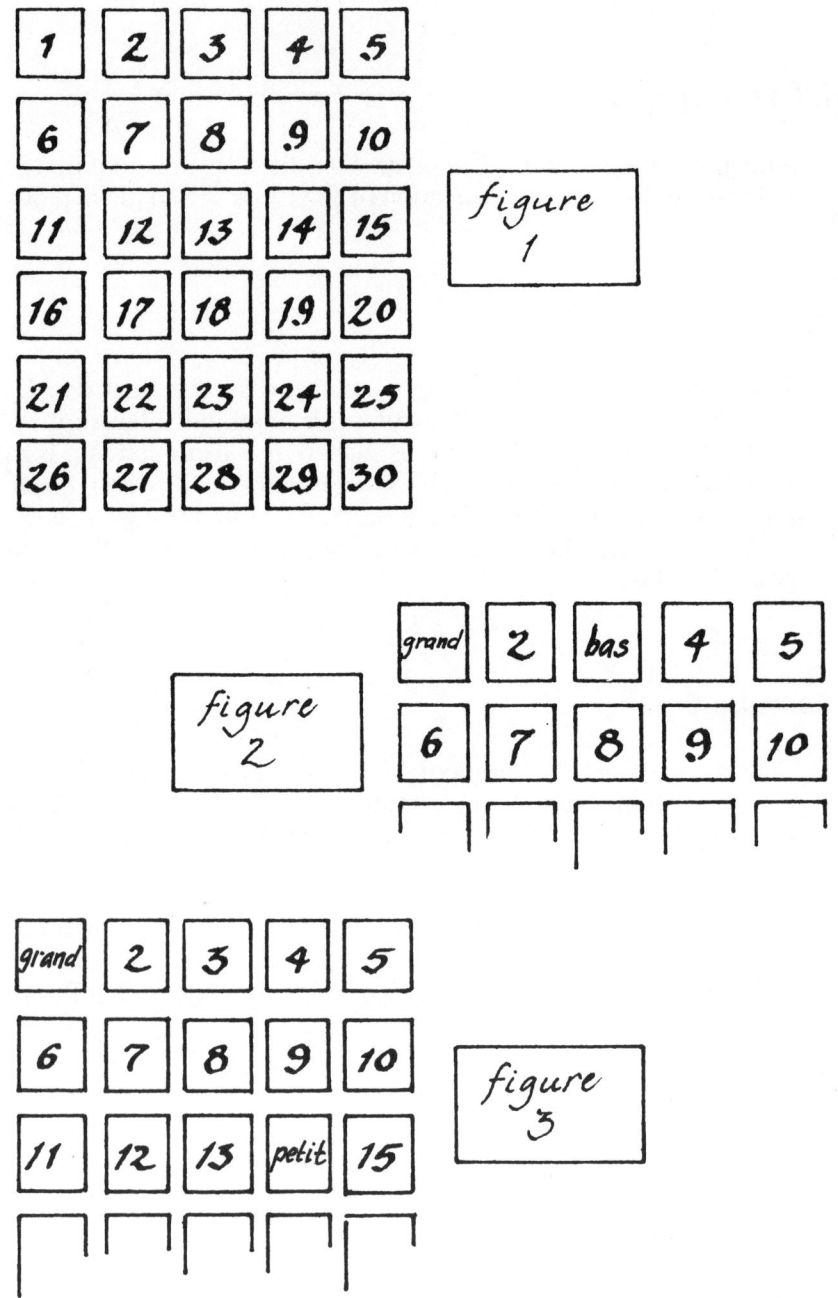

Procedure

1. Lay the cards out face down with the numbers showing, as in Figure 1.

2. Taking turns, the students call out two numbers, e.g. 1 and 3. Turn over the called cards. If the cards don't match (chances are they won't for the first few turns) the cards are turned back over. In figure 2, we see that *grand* and *profond* don't match so they are turned face down again.

3. When a student makes a match (figure 3) he removes the matched cards from the lay-out and gets another turn. He continues until he fails to produce a match.

4. When all the cards have been matched, the student with the largest pile wins.

Instructions for Students in French

1. *L'objet du jeu est de trouver les cartes qui vont ensemble, c'est à dire, qui font un mariage.*

2. *A tour de rôle, nommez deux chiffres, par exemple, 1 et 3. Retournez ces deux cartes. Si ces deux cartes ne forment pas un mariage, retournez-les.*

3. *Chaque fois qu'un mariage est formé, retirez ces deux cartes du jeu et rejouez. Chaque bon mariage mérite un autre tour.*

4. *L'étudiant qui réussit le plus de mariages gagne le jeu.*

Variations

1. The game can be played as a team activity. One person from each team is the spokesperson for the team's collective effort to remember locations. Students can take turns being the spokesperson.

2. When a match is made, the player can be required to use the two words in a sentence. If the player fails the cards are returned to the layout, and the next player gets the opportunity to match and use the two words.

Suggestions*

1. Synonymes   Pages 7, 17
2. Antonymes   10
3. Auxiliaires
4. Homonymes
5. Voyelles Similaires
6. Terminaisons
7. Proverbes   20
8. Expressions idiomatiques   19
9. Pays et langues
10. Racines et préfixes   18
11. Verbes — pronoms et verbes   14
        infinitifs   15
        verbes synonymes   15
        participes passés   16
12. Images d'objets et leurs noms   13
13. Comparatifs
14. Vocabulaire extrait de lectures — mots et définitions ou synonymes.

*See sample games given on the pages indicated by the page numbers.

Niveau: Elémentaire Mariages

Adjectifs Synonymes

grand	gros
près	proche
malade	indisposé
simple	facile
petit	menu
rapide	vif
correct	juste
difficile	dur
certain	sûr
grand	haut
bon marché	pas cher
loin	distant
heureux	content
fâché	mécontent
beaucoup	plusieurs

Mariages — Niveau: Intermédiaire

Adjectifs *Synonymes*

Adjectifs	Synonymes
prochain	suivant
timide	réservé
peureux	craintif
immense	énorme
mince	maigre
beau	joli
célèbre	fameux
aisé	riche
terne	ennuyeux
formidable	terrible
intelligent	vif
amusant	drôle
épouvantable	atroce
total	complet
ému	bouleversé

Niveau: Avancé   Mariages

Adjectifs   Synonymes

sceptique	incrédule
bizarre	étrange
choquant	étonnant
soucieux	inquiet
courageux	brave
brillant	intelligent
intéressé	égoiste
nerveux	anxieux
calme	paisible
sincère	franc
vrai	honnête
inquiet	craintif
jaloux	envieux
soigneux	prudent
précis	exact

Mariages — Niveau: Elémentaire

Adjectifs   Antonymes

Adjectifs	Antonymes
court	long
vieux	neuf
petit	grand
gros	mince
froid	chaud
humide	sec
haut	bas
grand	petit
chaud	frais
bon	mauvais
heureux	triste
loin	près
bon marché	cher
large	étroit
fâché	content

Niveau: Intermédiare   Mariage

Adjectifs   Antonymes

célibataire	marié
poli	grossier
facile	difficile
doux	dur
clair	sombre
plein	vide
léger	lourd
ivre	sobre
propre	sale
mort	vivant
beau	laid
fort	faible
génial	bête
unique	commun
généreux	avare

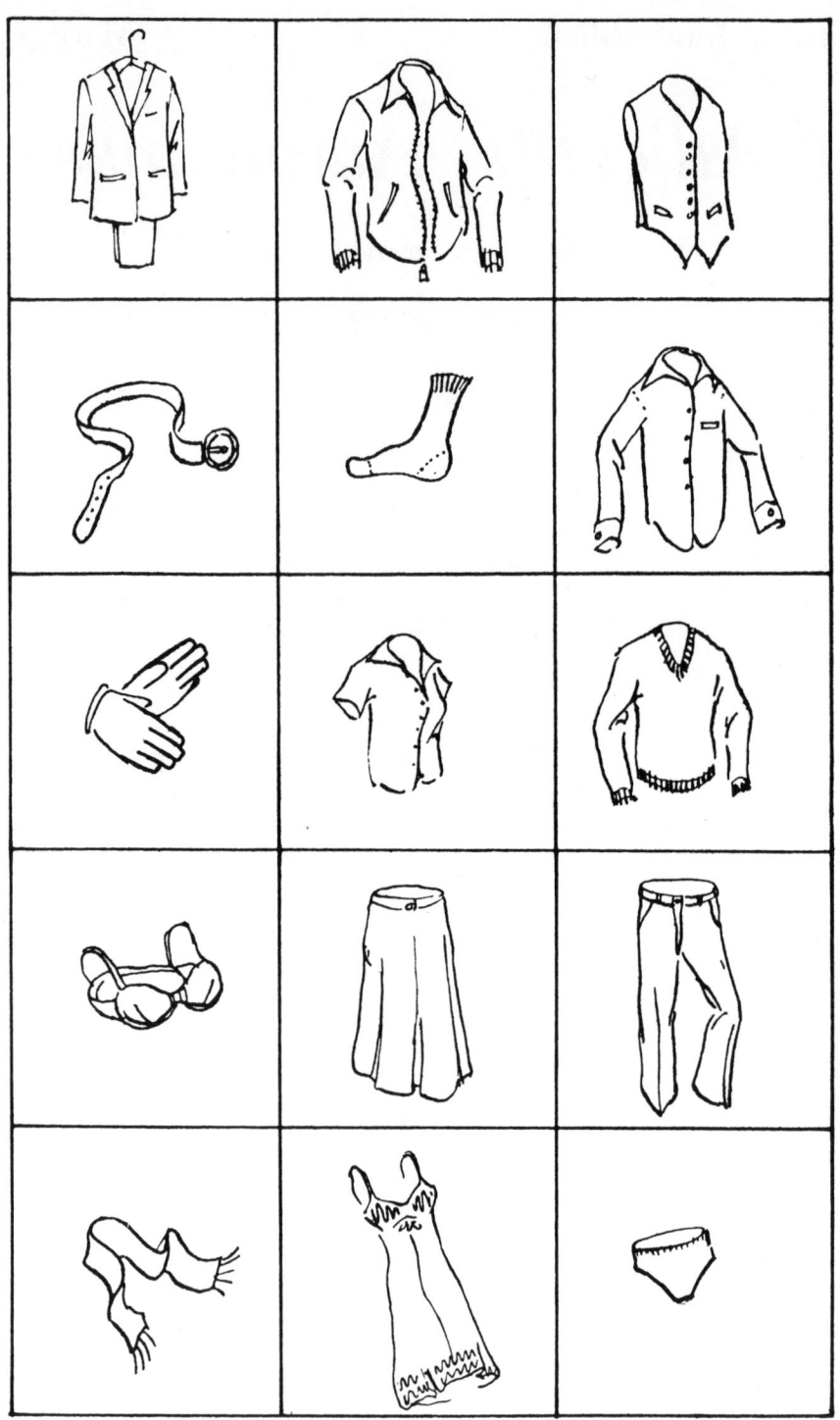

The illustrations above are matched with words on the next page. Permission is hereby given to copy the pictures for mounting on cards.

Niveau: Elémentaire   Mariages

Vêtements

le costume

le blouson

le gilet

la ceinture

la chaussette

la chemise

les gants

la blouse

le pull

le soutien-gorge

la jupe

le pantalon

l'écharpe

la combinaison

le slip

Mariages   Niveau: Elémentaire

Pronoms et Verbes

Je	suis
Tu	as
Il	est
Elle	a
Nous	sommes
Vous	avez
Ils	sont
Elles	ont
La fille	est
Le garçon	a
Les femmes	sont
Les hommes	parlent
Les oiseaux	chantent
Les crayons	sont

Niveau: Intermédiaire   Mariages

Verbes Synonymes

appeler	téléphoner
mettre	poser
retourner	rendre
se déshabiller	enlever
remplir	compléter
trouver	découvrir
prendre	ramasser
savoir	connaître
aimer	adorer
se dépêcher	se presser
montrer	indiquer
avancer	continuer
grandir	pousser
parler	discuter
mettre	s'habiller

Niveau: Elémentaire/Intermédiaire   Mariages

Infinitifs   Participes Passés

Infinitifs	Participes Passés
vouloir	voulu
boire	bu
conduire	conduit
courir	couru
plaire	plu
devoir	dû
naître	né
mourir	mort
pleuvoir	plu
rire	ri
savoir	su
vivre	vécu
pouvoir	pu
offrir	offert
suivre	suivi

Niveau: Avancé   Mariages

Synonymes
(caractéristiques humaines et étapes de vie)

gentil	poli
enfant	bébé
timide	timoré
beau	joli
grossier	impoli
drôle	amusant
inquiet	soucieux
courageux	brave
fin	intelligent
ridicule	bête
enfantin	puérile
assidu	travailleur
vaniteux	snob
orgueilleux	fier
paresseux	fainéant

Mariages   Niveau: Intermédiaire/Avancé

Préfixes

dé	couvrir
dés	habiller
mé	prendre
mé	connaître
pré	voir
con	venir
pour	suivre
re	tenir
par	courir
par	semer
com	battre
dés	obéir
con	naître
par	venir
re	taper

Niveau: Intermédiaire/Avancé   Mariages

Expressions Idiomatiques

exprès	à dessein
d'habitude	normalement
au fait	à propos
au revoir	à la prochaine
il n'y a pas de quoi	de rien
à bientôt	à tout à l'heure
Ça y est	C'est fini
de temps en temps	occasionnellement
tout de suite	immédiatement
ça alors!	mon Dieu!
ça ne fait rien	peu importe
apprendre par coeur	mémoriser
en tout cas	de toute façon
en panne	déréglé
avoir l'air	sembler

Mariages   Niveau: Intermédiaire/Avancé

Proverbes

L'argent ne fait pas	le bonheur
Petit à petit l'oiseau	fait son nid
Comme on fait son lit	on se couche
Tout ce qui brille	n'est pas or
Les petits ruisseaux font	les grandes rivières
On ne peut pas avoir le beurre	et l'argent du beurre
Il faut battre le feu	pendant qu'il est chand
Rira bien qui	rira le dernier
Rien ne sert de courir,	il faut partir à temps
Mieux vaut tard	que jamais
Le mieux est	l'ennemi du bien
Il faut manger pour vivre	et non vivre pour manger
La patience est	la mère des vertus
Au royaume des aveugles	les borgnes sont rois
Un repas sans vin est	comme un jour sans soleil

Dire et Ecrire

Brief Description

Each card has one word written on it and one sound underlined, e.g. f<u>e</u>mme. A set of cards (30 is a good number) contains from 2 to 6 different sounds. The cards are shuffled and given to the students who sort them into separate piles, one pile for each different sound.

Purpose

The students review the pronunciation of selected sounds and the various ways the sounds can be spelled.

Preparation

Select sounds that the students need to practice, e.g. [y] and [u], and write a number of words, each containing the same sound, on a number of cards — one to a card. In words with more than one vowel sound, it may help to underline the spelling of the sound in question. Select a variety of troublesome spellings. For example:

t<u>u</u>	s<u>u</u>r	t<u>ue</u>
v<u>ou</u>s	c<u>ou</u>	p<u>ou</u>r

A duplicate set should be prepared for each group of students; in general, students can do this game with 3-5 people per group.

Then assemble a set of cards containing at least two different sounds. In order words, a set of 30 cards could contain 15 examples of [y] and 15 examples of [u]. A suggested combination for an interesting game is 5 sounds, each represented by 6 different words.

Procedure

1. Give the directions to the class, e.g. "You have 30 cards in this set. There are 5 different sounds and 6 cards for each sound. Work together. Read the words, pronounce them and sort them into 5 piles. When you have them all sorted, I will check them."

2. Allow the students to work on the sounds. Do not give any help.

3. When all groups have finished their sorting, have the groups lay out their cards and look at each other's solutions.

4. Check over the solutions and announce the winner(s) — the team with the most correct cards.

Instructions for students in French

1. *Vous avez trente cartes dans votre jeu. Il y a 5 sons différents et 6 cartes pour chaque son.*

2. *Travaillez ensemble. Lisez les mots, prononcez-les et classez-les en cinq piles.*

3. *Quand toutes les cartes seront classées, le professeur les vérifiera.*

22

Variations

1. To make the game more challenging, put a "wild card" in each group — one sound that is completely different from the others.

2. Use sets with uneven numbers of cards, e.g. five [u]; four [y]; seven [e]; eight [ɛ] and six [ɛ̃].

3. Establish a time limit to the game. A three minute egg timer can be a useful gadget for this and other timed activities.

4. When all teams have finished and a winner has been declared, review the cards aloud as a group.

Suggestions*

1. Vowels and diphthongs   Pages 24-28

2. Consonants   29-30

3. Consonant clusters

4. Silent letters

5. Homonyms

6. Minimal pairs

7. Stress patterns, e.g. words with stress on 1st syllable, 2nd syllable, 3rd syllable, etc.

*See sample games given on the pages indicated by the page numbers.

Dire et Ecrire   Niveau: Elémentaire/Advancé

[œ̃]	[ɑ]	[e]
un	table	thé
chacun	passer	école
quelqu'un	tasse	métier
lundi	âge	été
emprunt	là	diner
parfum	pas	nez
Verdun	tas	clef
jeun	classe	j'ai
défunt	masse	dé
humble	âme	pâté
aucun	pâté	pied
rhum	las	et
emprunter	cas	écouter
brun	page	bonté
shampooing	chasse	immédiat
commun	voyage	qualité
munster	lasse	w.c.
bungalow	image	zéro

Niveau: Elémentaire/Advancé   Dire et Ecrire

[ɛ]   # [i]   # [o]

père	si	pot
tête	rire	eau
même	ici	chaud
savais	finit	dos
terre	lit	haut
neige	six	trop
mère	vie	beau
fête	idée	nôtre
lait	lundi	chapeau
verre	billet	chose
est	inouie	zéro
êtes	possible	héros
frère	venir	zone
fenêtre	pire	kilo
paie	gigot	coco
serre	nier	clos
ballet	hymne	gros
sel	ivre	hôte

Dire et Ecrire　　　　Niveau: Elémentaire/Advancé

[ɔ]　　　　[u]　　　　[õ]

[ɔ]	[u]	[õ]
robe	vous	on
notre	cou	bon
homme	tout	nom
comme	écoute	mon
joli	nous	don
pomme	bout	compte
Paul	ou	bonté
album	août	wagon
avocat	jour	oncle
tomme	pour	conte
colle	loup	honte
école	poux	fonte
molle	sous	pont
lobe	fou	ont
gorge	trou	sont
mort	écrou	font
porte	double	dont
moral	flou	jonc

Niveau: Elémentaire/Advancé   Dire et Ecrire

[ɛ̃]	[ɑ̃]	[ə]
vin	blanc	je
vingt	an	me
pain	lampe	te
main	lent	se
faim	Jean	de
peint	hante	le
teint	paon	secret
sain	angle	demi
daim	cent	semi
nain	temps	ceci
hein!	sans	pelote
hindou	chambre	demain
Inde	tente	venir
sein	camp	second
rince	ment	regarder
quinte	fente	retire
rein	gant	refrain
quinze	faon	secours

Dire et Ecrire   Niveau: Elémentaire/Advancé

[y]	[ø]	[œ]
tu	feu	coeur
sur	peu	peur
rue	oeufs	soeur
vu	vieux	oeuf
dû	bleu	fleur
su	deux	leur
statue	peut	boeuf
vendu	nombreux	sueur
jus	heureux	meurt
pu	queue	pleure
cru	peut-être	veuf
dru	meule	heure
juste	voeux	moeurs
pur	jeudi	seuil
cul	jeûne	veulent
pull	gueux	seul
cure	ceux	jeune
humain	boeufs	leurre

Niveau: Elémentaire/Advancé   Dire et Ecrire

[j]	[wa]	[ɲ]
fille	oie	soigne
Bastille	moi	grogne
pareil	toi	besogne
abeille	trois	cogne
travail	joie	poigne
paille	loi	gagne
cédille	quoi	poignet
sillon	tutoie	magnat
fenouil	croire	ligne
grenouille	soif	signe
oeil	oisif	signal
seuil	coiffe	cognac
cerceuil	moisson	armagnac
cueille	mois	cygne
bail	moine	agneau
paye	moelle	trogne
grille	boire	soigner
vrille	soir	rognon

Niveau: Elémentaire/Advancé   Dire et Ecrire

[l]	[s]	[z]
ville	ça	zebre
tranquille	c'est	zèle
mille	garçon	zeste
gilles	voici	poison
Lille	sent	toison
cil	express	zoo
habile	diplomatie	zut!
fil	suprématie	jalouse
argile	boisson	jaser
fragile	poisson	jazz
mille	dix	jersey
mil	froissé	excuser
villa	exercer	aisé
silo	sceptre	léser
silence	châssis	faisan
telle	cerise	paisible
pelle	scie	base
billion	sceptre	bise

30

Phrases Brouillées

Brief Description

The students re-arrange jumbled sentences, e.g.

| ? | en | — | jour | ils | ville | chaque | vont |

Each word and punctuation mark is written on a separate card.

Purpose

This game is useful for reviewing word order and the placement of punctuation marks.

Preparation

The game is more effective if it concentrates on a single sentence pattern, e.g. questions in the simple present tense. Write out a sentence with each word and punctuation mark on a separate card. In general, it is best to capitalize the first word in the sentence.

| Vont | — | ils | en | ville | chaque | jour | ? |

To keep the various sentences from becoming mixed up, it is useful to write a number on each card, e.g.

| $Vont^3$ | $—^3$ | ils^3 | en^3 | $ville^3$ | $chaque^3$ | $jour^3$ | $?^3$ |

5-10 sentences will be sufficient for an interesting game.

Shuffle the cards in each sentence and put a rubber band around each sentence.

Finally, make a list of all sentences for your own reference and for use in Step #5 below.

Procedure

1. Divide the class into groups of 2-3 students.

2. Give each group a sentence and put the extras in the middle of the room.

3. Tell each group that it must use all the cards to form a sentence.

4. When a group is satisfied with its sentence, it writes the number of the sentence and the sentence on a separate sheet of paper. Then the group returns its sentence to the middle and chooses a new bundle of cards.

5. When the groups have finished, read the correct sentences and have the groups check their answers.

Instructions for students in French

1. *Mettez - vous en groupes de 2 ou 3 étudiants.*

2. *Chaque tas de cartes contient une phrase.*

3. *Utilisez toutes vos cartes pour faire une phrase correcte. Ecrivez la phrase sur une feuille de papier. Quand le groupe est satisfait de sa phrase, remettez les cartes au centre et prenez un nouveau tas.*

Variations

1. Have the groups read their answer sheets to each other.

2. The first group to finish can write its answers on the board.

3. Instead of working at the sentence level, the students can try working at the paragraph level, arranging sentences into coherent paragraphs.

4. The numbered sentences can also be arranged into a paragraph.

5. To make the game more challenging and to allow for more variations, do not capitalize the first letter of the word.

Voyez - vous la mouche dans ?
Qu' est - ceque c'est dans ma soupe ?
Garçon , s'il vous plaît !
assiette
Je
L'

Suggestions*

1. Verbes — présent,   Page 35

    passé-composé   35

2. Questions   36
3. Conditionnel   41
4. Participes passés avec avoir et être   35
5. Pronoms directs et indirects   37
6. Prépositions
7. Expressions idiomatiques — avoir + adjectif, faire + infinitif, etc.
8. Conjonctions   40
9. Discours indirect
10. Pronoms relatifs   38
11. Pronoms interrogatifs
12. Comparatifs   36
13. Superlatifs
14. Paragraphes brouillés   43-45
15. Phrases extraites de lectures en classe
16. Passé-composé et imparfait   39
17. Subjonctif   42

*See sample games given on the pages indicated by the page numbers.

Niveau: Elementaire   Phrases Brouillées

Present

1. Il écrit à son amie une fois par semaine.
2. Elle va en ville avec ses étudiants.
3. Je suis triste parce que tu pars.
4. Il ne veut pas aller en Grèce.
5. Ils parlent au téléphone tous les jours.
6. Elle finit son travail à cinq heures.
7. Ils prennent l'avion pour les îles.
8. Où habitez-vous?
9. S'il vous plaît, est-ce que c'est votre stylo?
10. Nous écrivons un article pour le journal.

Passé Composé

1. Elle est partie à toute vitesse.
2. Il a fait beau pendant toutes ses vacances.
3. Il n'est pas allé à l'école cette semaine.
4. Il lui a téléphoné dimanche matin.
5. Est-ce qu'il a déjà envoyé le billet à son amie?
6. Je n'ai pas vu le film parce que ma voiture est tombée en panne.
7. Est-ce qu'ils sont allés au Mexique ensemble?
8. Nous lui avons expliqué la route mais il n'a rien compris.
9. Vous les avez mis dans votre poche avant de partir.
10. On est venu parce qu'on nous a invités hier soir.

Phrases Brouillées   Niveau: Elémentaire

Questions

1. Comment s'appelle-t-elle?
2. Combien coûte un billet d'avion de New York à Paris?
3. Où habitez-vous?
4. D'où vient ce train?
5. A quelle heure ouvre le restaurant?
6. Quand voulez-vous partir?
7. Qu'est-ce que Nicolas fait cet après-midi?
8. Pourquoi Suzanne décide de partir si vite?
10. Est-ce que nous montons à pied?

Comparatifs

1. Je suis plus grosse que Nancy.
2. Justin est plus grand que Jean-Luc mais plus petit que Matthieu.
3. Il fait meilleur cet été que l'été dernier.
4. Il vaut mieux faire ceci que cela.
5. Le chocolat suisse est le meilleur.
6. Le cycliste américain est aussi rapide que le cycliste français.
7. Ce restaurant est moins bon que l'autre.
8. Je travaille autant que ma voisine.
9. Elisabeth parle français mieux que moi.
10. Est-ce que c'est plus loin de Paris à Lyon que de Lyon à Marseilles?

Niveau: Intermédiaire   Phrases Brouillées

Pronoms Directs et Indirects

1. Il la conduit tous les jours à la piscine.
2. Je lui envoie le courrier à 10 heures pile.
3. Pourquoi elle ne me l'a pas dit avant de s'en aller?
4. Je leur en parle chaque fois qu'ils y viennent.
5. Elle y va lorsqu'il lui demande.
6. Je leur téléphone toutes les semaines.
7. Est-ce qu'il vous a dit que je voudrais leur en parler?
8. Elle s'en est souvenu mais il y était déja parti.
9. Leurs parents ne les leur ont pas donnés.
10. Il en cherche maintenant pour lui en donner.

Phrases Brouillées   Niveau: Intermédiaire

Pronoms Relatifs

1. La robe à laquelle je pensais est déjà vendue.
2. Le pays d'où je viens est très loin.
3. C'est l'endroit où j'ai passé tous mes étés.
4. J'ai enfin rencontré la femme qui habite à côté de moi.
5. Est-ce que vous avez acheté la chemise que nous avons vue au magasin hier?
6. La leçon que nous avons faite hier était très difficile.
7. La fille dont vous parlez est mon amie.
8. Le chien qui aboie est féroce.
9. La photo qui est sur mon bureau est celle de mon ami.
10. Le peintre dans le studio de qui vous avez posé est mort.

Niveau: Intermédiaire/Avancé   Phrases Brouillées

Passé Composé et Imparfait

1. Elle prenait sa douche quand le téléphone a sonné.

2. Les vins que nous avons goûtés étaient excellents.

3. Nous dormions profondément quand le voleur est arrivé.

4. La lettre qu'il lui a envoyée n'est jamais arrivée.

5. Il a voulu sortir avec elle mais elle ne se sentait pas bien.

6. Il venait de partir au cinéma quand nous sommes arrivés.

7. Il faisait très chaud quand l'orage a éclaté.

8. Elle tremblait de peur quand le professeur lui a rendu son examen.

9. On a su qu'il était heureux quand on a vu son sourire.

10. J'ai eu les oreillons quand j'avais 8 ans.

Phrases Brouillées   Niveau: Intermédiaire/Avancé

Conjonctions Temporelles

1. Quand Justin est parti, j'ai commencé à travailler.
2. Lorsque vous voudrez partir, fermez la porte à clé.
3. Dès qu'elle voyait son ami, elle sautait de joie.
4. Après que nous nous sommes assis, le garçon nous a apporté à boire.
5. Aussitôt qu'elle a appris la nouvelle, elle l'a annoncé à tout le monde.
6. Quand il la verra, il lui parlera de son aventure.
7. Pendant que nous ferons la cuisine, les autres iront au marché.
8. Suzanne parle français tandis que Justin parle allemand.
9. Micheline travaillait tous les jours tandis qu'Anne se reposait.
10. Ils ont habité en France pendant dix ans.

Niveau: Avancé   Phrases Brouillées

Conditionnel

1. Si j'etais riche, je serais heureux.
2. Je serais très déçu si tu oubliais mon anniversaire.
3. Si je lui explique cela, elle comprendra.
4. Si je lui disais la vérité, il serait furieux.
5. S'il avait fait beau, nous aurions fait une promenade.
6. Si vous avez faim, mangez un peu de pain.
7. S'il venait, je lui parlerais.
8. Si elle voulait, elle pourrait jouer avec nous.
9. J'ai apporté des sandwichs au cas où nons aurions faim.
10. Le danger des centrales nucléaires serait minime.

Phrases Brouillées   Niveau: Avancé

Le Subjonctif

1. Il faut que j'aille à l'école demain.
2. Je regrette que vous soyez arrivé en retard.
3. Je suis content que tu sois venu.
4. Je suis desolé que les gens ne comprennent pas les difficultés.
5. Je ne crois pas qu'il pleuve demain.
6. Quoiqu'il eut étudié longtemps, il n'a pas réussi son examen.
7. Nous sommes rentrés à Paris avant qu'il fasse nuit.
8. Il est possible qu'elle ne sache pas notre adresse.
9. Il est injuste que vous ayez tant de travail.
10. Y-a-t-il quelqu'un ici qui sache parler chinois?

Niveau: Elémentaire   Paragraphes Brouillés

Opération

1. D'abord, mettez la cassette dans la machine.
2. Ensuite, mettez la fiche du micro dans la machine.
3. Assurez-vous que le micro n'est pas en marche.
4. Appuyez sur les boutons de marche et d'enregistrement.
5. Pour enregistrer, appuyez sur le bouton du micro.
6. Pour arrêter, appuyez encore sur le bouton du micro.
7. Pour écouter, appuyez d'abord sur le bouton d'arrêt.
8. Ensuite, rembobinez la cassette.
9. Finalement, appuyez sur le bouton de marche et écoutez.

Séquence dans le temps

1. Suzanne est partie à 7 heures du matin.
2. Elle a conduit sa voiture à la gare et l'a garée dans le parking.
3. Puis elle est montée dans le train et a voyagé pendant une heure.
4. Quand elle est arrivée en ville, elle est descendue du train et a marché jusqu'à son bureau.
5. Elle est arrivée à 8 heures 55.
6. A 9 heures, elle s'est assise devant son bureau et a commencé à travailler.

Paragraphes Brouillés   Niveau: Intermédiaire

Historiette

1. Un jour un grand camion rempli de cent pingouins est tombé en panne sur la route menant à une grande ville.

2. Le conducteur du camion réfléchissait à son dilemme quand le conducteur d'un grand autobus vide s'est arrêté et lui a offert son aide.

3. Le conducteur du camion a dit: "Je dois amener ces pingouins au zoo immédiatement. Si vous les prenez dans votre camion, je vous donnerai deux cents dollars."

4. Le conducteur de l'autobus était d'accord pour les prendre.

5. Il a mis tous les pingouins dans l'autobus et il est parti.

6. Plus tard dans l'après-midi, après avoir réparé le camion, le conducteur de camion conduisait en ville quand il a vu le conducteur de l'autobus avec les cent pingouins.

7. Il se promenait sur le trottoir suivi des pingouins marchant en rang deux par deux.

8. Du coup, le conducteur du camion s'est arrêté.

9. Il est sorti du camion et a dit au conducteur de l'autobus "Je vous ai dit d'amener ces pingouins au zoo!"

10. "Je l'ai fait," a répondu le conducteur de l'autobus, "mais il me restait de l'argent alors, maintenant, je les emmène au cinéma."

Niveau: Avancé   Paragraphes Brouillés

Historiette

1. Un jour, j'ai rencontré une femme à l'aspect pauvre qui tenait par la main un petit garçon de quatre ans.

2. L'enfant pleurait; alors, je lui ai demandé "Qu'est-ce qu'il a, ce petit?"

3. "En passant devant une pâtisserie, il a vu un gateau qui coutait 3 francs," a raconté la pauvre femme.

4. "Mais je ne suis pas riche et c'est pour ça qu'il pleure," a-t-elle expliqué.

5. "Allez-lui acheter son gâteau et rapportez-moi la monnaie," lui ai-je dit.

6. Je lui ai donné un billet de dix francs.

7. Quelques minutes après, la femme est revenue avec l'enfant qui avait le sourire et la monnaie.

8. Tout allait bien.

9. Tout le monde était content.

10. Le gosse parce qu'il avait son gâteau.

11. La femme parce que son petit garçon ne pleurait plus.

12. Le patissier parce qu'il avait vendu son gateau.

13. Et moi, parce que je n'avais plus mon faux billet!

Catégories

Brief Description

Students are given several words all belonging to one category. For example, "*objets rouges.*" While one student gives clues, his teammates guess the words belonging to the category. This game is similar to the TV show *The $100,000 Pyramid*.

Purpose

This game requires the students to use French quickly and descriptively. It's a good exercise to "stretch" the students' command of the language.

Preparation

Write two to six words on a card with the category at the top of one card. Easier ones are "*couleurs,*" "*adjectifs de grandeur,*" "*objets dans la salle de classe.*" More difficult categories are "*objets où l'on peut mettre de l'air,*" "*objets utilisés par un médecin.*" Easy categories can be made more difficult by putting in one difficult word.

Procedure

1. Divide the class into two or more teams.

2. Give a card to a member of one team. If the student doesn't understand the card you can leave the room and explain it.

3. The team member announces the category, then gives clues while his team tries to guess the words in the category. For example, the person with the card might say "*La catégorie est les objets qui sont chauds,*" "*C'est dans le ciel et, ça nous donne de la chaleur et de la lumière.*" And the team answers with "*le soleil.*" Gestures may not be used.

4. The team gets one point for each correct answer.

5. When the first team is finished, the next team gets a chance with a different card.

6. Four or five rounds are enough for a good game.

Instructions for students in French

1. *Mettez-vous en deux équipes ou plus.*

2. *Le professeur donne une carte à un membre d'une équipe. Le membre de l'équipe sortira de la salle de classe avec le professeur pour vérifier qu'il comprend tous les mots sur la fiche.*

3. *Le membre de l'équipe annonce à ses équipiers la catégorie. Il peut donner des indices pendant que son équipe devine les mots dans la catégorie. Par exemple, la personne avec la carte pourrait dire "La catégorie est les objets qui sont chauds." "C'est dans le ciel et ça nous donne de la chaleur et de la lumière."*

4. *Les gestes sont interdits.*

5. *Les équipes gagnent un point par réponse correcte.*

Variations

1. The game can be timed — 15 seconds to one minute to complete the list, depending on the level of the students.

2. The teams that are waiting can be shown the card to increase their interest as the guessing team tries to get the words.

3. It does not have to be done as a team activity. The entire class can be the team as one student presents the category and clues.

4. Using a stop watch, determine the winner by the total amount of time taken to do all the cards — with a maximum of one minute per card. Therefore, if each team did six cards and Team A required four minutes and Team B did all six cards in three minutes, Team B wins, regardless of the number of correct guesses.

Suggestions*

1. Couleurs — *objects qui sont* rouges, bleus, ou *verts*   Page 50

2. Dimensions — *objets* petits, trop grands, ou *longs*   55

    immenses   55

    longs et étroits   55

3. Nationalités — *choses typiquement* chinoises, américaines, ou *françaises*   53

4. Lieux — *objets trouvés dans* l'hotel, la ville, la mer, ou

       la salle de classe   50

       la cuisine   52

       l' université   53

       la bijouterie   54

5. Adjectifs — *objets qui sont* drôles, doux, vieux, chers, froids, ou

       chauds   53

6. Professions — *objets utilisés par* le professeur, le medecin, le fermier, *le menuisier*   55

7. Mots de grammaire qui sont noms, verbes, adjectifs, adverbes.

8. Activités — *objets pour* les études, les sports, *le voyage*   53

9. *Objets avec* un moteur, une lumière, *un trou*   55

10. *Moyens de transport*   55

11. *Mots qui commencent par la lettre* a, b, *c.*   53

12. *Mots qui terminent par la lettre* l, m, *n.*   55

13. Mots qui commencent par sc, st, ph.

*The sample games given in this section are indicated by Italics. They appear on the pages listed. The other suggestions are not given in this book.

Catégories

Niveau: Elémentairé

Objects qui sont verts

la pelouse

la salade

la feuille

les petits pois

un dollar

le poivron

Objets trouvés dans la salle de classe

la craie

le cahier

la gomme

le tableau noir

les livres

le bureau

Moyens de transport

la voiture

le train

le bateau

l'avion

le taxi

le bus

Objets au-dessus de vos têtes

le ciel

le plafond

le lune

le toit

les étoiles

le soleil

Animaux

le cerf

le chèvre

l'ours

le chien

le chat

le tigre

Légumes

la courgette

la tomate

l'aubergine

les haricots

la carotte

la pomme de terre

Niveau: Elémentaire — Catégories

Vêtements

la chemise
le pantalon
les chaussettes
les sous-vêtements
les chaussures
le chapeau

Parties du corps

le bras
la jambe
le doigt
l'épaule
le genou
la poitrine

Choses faites avec les pieds

marcher
sauter
danser
courir
patiner
donner un coup de pied

Nourriture

les pâtes
le biftek
la salade
la tarte
la soupe
les pommes frites

Magasins

la quincaillerie
l'alimentation
la pharmacie
le grand magasin
la boutique
la charcuterie

Sports

le football
la natation
le hockey
la voile
le ski
l'alpinisme

Catégories　　　　　　Niveau: Intérmédiaire

Meubles
- la table
- la chaise
- le fauteuil
- le lit
- l'armoire
- la commode

Objets trouvés dans la cusine
- l'évier
- le robinet
- les serviettes
- le frigo
- la cuisinière
- la casserole

Objets d'hiver
- la neige
- Noël
- le ski
- les patins de glace
- l'anorak
- les bottes

Famille
- la tante
- le frère
- le cousin
- le neveu
- la grand-mère
- le père

Choses que l'on écoute
- la musique
- le poste de radio
- le discours
- les ragots
- le magnétophone
- le tonnerre

Objets utilisés par un enfant
- le traîneau
- la bicyclette
- la poupée
- le cerf-volant
- le short
- le ballon

Niveau: Intémédiaire   Catégories

Objets pour jouer

    le ballon de foot

    la guitare

    les jeux

    le piano

    les cartes

    la raquette

Objets typiquement français

    le béret basque

    la baguette

    le camembert

    le Tour de France

    La Deux Chevaux

    Les pommes frites

Objets Chauds

    le four

    l'été

    le café

    l'Afrique

    le désert

    le soleil

Mots qui commencent par "c"

    la chèvre

    cacher

    le cahier

    le camion

    le centime

    croire

Objets pour voyager à l'étranger

    la valise

    le passeport

    l'argent

    le billet

    la carte

    le dictionnaire bilingue

Objets trouvés à l'université

    la résidence

    la piscine

    la cafétéria

    l'amphithéâtre

    le rectorat

    la bibliothèque

Catégories

Niveau: Avancé

Objets méditerranéens

- les oranges
- la plage
- le soleil
- la crème solaire
- le palmier
- le pédalo

Objets qui s'ouvrent

- la lettre
- la boîte
- le cadeau
- la porte
- la bouteille
- la fenêtre

Objets trouvés dans la salle de bains

- le dentifrice
- le shampooing
- le peigne
- la serviette
- le savon
- le cachet d'aspirine

Appareils ménagers

- le fer à repasser
- le sèche-cheveux
- le mixer
- l'ouvre-boîte
- la casserole
- le tire-bouchon

Professions

- le professeur
- le médecin
- l'homme de science
- l'avocat
- le comptable
- l'homme d'affaires

Objets touvés dans la bijouterie

- le collier
- la montre
- la bague
- le bracelet
- le diamant
- les boutons de manchette

Niveau: Avancé   Catégories

Objets utilés par le menuisier

    le marteau

    les clous

    la scie

    la boîte à outils

    le mètre

    le bois

Objets troués

    le disque

    le gruyère

    le terrain de golf

    la pipe

    le nez

    l'aiguille

Objets de grands dimension

    la pastèque

    le 747

    la Chine

    le ciel

    l'Océan Pacifique

    l'éléphant

Mots qui se terminent par 'n'

    le melon

    le bâton

    le son

    sain

    le train

    le roman

Objets ronds

    l'assiette

    l'orange

    le zéro

    le ballon

    l'horloge

    la tarte

Objets longs et étroits

    les nouilles

    le fleuve

    le trottoir

    la ceinture

    le train

    le Chili

La Soireé

Brief Description

This is a role-playing exercise in which each participant receives a card describing a character whose identity he assumes. At the conclusion of the exercise the class identifies and describes the various people they have met in the exercise. The lives of the characters can be entwined or a plot can unfold to make the exercise more interesting.

Purpose

The exercise requires the students to practice social conversation. It also requires them to listen carefully and, at the conclusion of the exercise, remember and re-state what they have heard.

Preparation

Write brief descriptions on the cards — one to a card. The game is best played by at least six and not more than 12 characters. In a game designed for a lower level, only a minimum of information (such as name, age, profession) need be given.

Procedure

1. Give the directions to the students in French. First, set the scene —party, meeting, bus station, etc.

2. Tell the students they will assume the role of the character on their cards. Then give each student a card and ask them to study it.

3. Step out of the room and help students — one at a time —with questions about the information on their card.

4. Let the students mingle and talk to each other for 15 to 30 minutes.

5. When it seems that everybody has met everybody else, conclude the game.

6. Single out each character —one by one — and have the other students tell what they can remember about the character.

Instructions for students in French

1. *Chaque étudiant a un rôle à jouer. Etudiez bien votre personnage pendant 5-10 minutes.*

2. *Vous avez 15-30 minutes pour faire connaissance.*

3. *A la fin vous parlerez des personnages que vous avez rencontrés.*

Variations

1. At the end of the game, have the students write out the cast of characters and then read their papers to each other and compare.

2. A position on a contemporary issue can be added to the information on each card so that the objective becomes to find out each character's opinion on the issue.

Suggestions:

1. Réunions de famille   Page 59

    relations familiales/problèmes découverts.

2. Fêtes de village/quartier:

    Ragots locaux, complications affectives sont découvertes

3. Fêtes à l'école:

    Une réunion d'étudiants internationaux—stéréotypes, problèmes culturaux soulevés

4. Voyage, en autobus, en avion   61

    Les voyageurs découvrent comment leurs vies sont reliées

5. Réunion d'affaires: politiques et personnalités du bureau.

6. Soirée à Hollywood:

    relations entre vedettes sont découvertes—utiliser les noms de vedettes contemporaines.

7. Meurtre   61

    Un groupe de personnes (famille, personnes à l'hôtel, etc.) découvre un meurtre et décide qui est le coupable.

8. Réunion:

    Ecole, collège, université, etc.

9. Réunion à l'école, à l'université:

    Des problèmes d'étudiants, dans la salle de classe, administratifs sont discutés.

   * See sample games given on the pages indicated by the page numbers.

Niveau: Intermédiaire   La Soirée

Réunion de Famille

1. Georges BALZAC. 45 ans. Marié. 3 enfants.

2. Germaine BALZAC. 42 ans. Mariée avec Georges BALZAC.

3. Marie-France BALZAC. 21 ans. Votre père est Georges BALZAC. Vous avez une jumelle et un frère.

4. Alphonse BALZAC. 15 ans. Votre mère est Christiane BALZAC.

5. Christiane BALZAC. 38 ans. La femme de Jean-Marc BALZAC.

6. Bernard BOUCHAULT. 70 ans. Vous avez une fille qui est mariée avec Georges BALZAC.

7. Jean-Marc BALZAC. 40 ans. Le fils de Nicolas BALZAC.

8. Nicolas BALZAC. 75 ans. Vous avez deux fils — Jean-Marc et Georges.

9. Marie-Claire BALZAC. 21 ans.

10. Etienne BALZAC. 18 ans. Votre mère est Germaine BALZAC. Vous avez deux soeurs.

La Soirée　　　　　　　　　　　　　　　　Niveau: Avancé

Le Meurtre

1. Guillaume BESSOUD. Vous avez 65 ans. Vous êtes riche et personne ne vous aime. Vous donnez une fête d'anniversaire pour votre fille, Anne. Après avoir bu votre premier verre, vous mourrez. Quelqu'un dans la pièce vous a empoisonné.

2. Caroline BESSOUD. Vous avez 35 ans. Vous vous êtes mariée avec Guillaume BESSOUD il y a deux ans. Vous l'avez épousé pour son argent dont vous espérez hériter à sa mort.

3. Elisabeth BESSOUD. Vous avez 62 ans. Vous étiez mariée avec Guillaume BESSOUD pendant 37 ans quand il vous a demandé le divorce pour se marier avec une femme plus jeune.

4. Benjamin BESSOUD. Vous avez 35 ans. Vous êtes le fils de Guillaume et Elisabeth BESSOUD. Votre père vient de vous congédier de son affaire mais vous ne comprenez pas pourquoi.

5. Suzanne DESTANDAU. Vous avez 32 ans. Vous êtes la fille de Guillaume et Elisabeth BESSOUD. Vous adorez votre père qui vous a toujours donné tout ce que vous voulez et plus. Vous êtes mariée avec Michel DESTANDAU.

6. Michel DESTANDAU. Vous avez 38 ans. Vous êtes marié avec Suzanne DESTANDAU. Vous êtes le vice-président de l'affaire de son père. Vous aimez dépenser de l'argent, le votre et le sien.

7. Charles. Vous êtes le maître d'hôtel chez les BESSOUD. Vous avez 65 ans. Vous travaillez chez les BESSOUD depuis 37 ans. Vous n'avez jamais été d'accord avec le divorce de Guillaume BESSOUD de sa première femme, Elisabeth, ni avec son mariage avec Caroline. Vous n'aimez ni Guillaume ni Caroline.

8. Lucie. Vous êtes la femme du maître d'hôtel, Charles. Vous êtes cuisinière chez les BESSOUD depuis 37 ans. Vous aimiez beaucoup votre travail avant le divorce de Guillaume de sa première femme, Elisabeth. Vous haïssez sa nouvelle femme, Caroline.

La Soirée   Niveau: Avancé

9. Jacqueline DUPÊCHE. Vous avez 32 ans. Vous êtes mariée avec Paul DUPÊCHE mais vous aimez Guillaume BESSOUD et son argent.

10. Paul DUPÊCHE. Vous êtes le meilleur ami de Guillaume BESSOUD. Vous étiez à l'université ensemble dans les années 30. Vous venez de vous marier à votre deuxième femme qui a trente ans de moins que vous. Vous venez d'empoisonner le verre de Guillaume parce que vous avez découvert qu'il voyait votre nouvelle femme, Jacqueline, que vous aimez par dessus tout autre chose dans ce monde. Personne ne sait que vous êtes le meurtrier.

Voyage en Avion

1. Pierre SANDEAU. Vous avez 55 ans. Vous êtes un homme d'affaires français qui importe des postes de télévision d'Europe. Vous rentrez, en France après un voyage d'affaires à New York. Vous vouliez commencer l'importation des télés américaines mais vos négociations à New York n'ont pas réussi.

2. Marie SANDEAU. Vous avez 45 ans. Vous êtes la femme de Pierre SANDEAU. Il y a dix ans, une jeune américaine, Nancy, est restée chez vous en France. Vous ne l'avez pas vue depuis.

3. Nancy BRANCH. Vous avez 32 ans. Vous êtes mariée avec Nick BRANCH. Il y a dix ans, quand vous étiez célibataire, vous avez passé l'été en France. Vous êtes restée chez les SANDEAU à Montpellier. Vous allez en France en vacances et vous espérez rendre visite à votre famille française et lui présenter votre mari.

Niveau: Avancé   La Soirée

4. Nick BRANCH. Vous avez 34 ans. Vous êtes marié avec Nancy BRANCH. Vous allez ensemble en France pour des vacances.

5. Joanne CLAIR. Vous avez 23 ans et vous voulez continuer vos études de médecine en France. Vous allez en France pour un entretien à l'Université de Montpellier.

6. Charles PINSON. Vous rentrez en France d'un voyage à New York où vous avez assisté à un congrès médical. Vous êtes responsable des inscriptions à la faculté de médecine à l'Université de Montpellier.

7. Toshihiro SATO. Vous avez une affaire d'importations de postes de télévisions japonais. Vous allez en France parce que vous espérez démarrer l'exportation de vos télés en France. Vous avez étudié l'anglais et le français au Centre de Langues à Tokyo en 1950.

8. Alice KING. Vous avez 55 ans. Vous êtes mariée à David KING. Il y a dix ans, vous habitiez au Japon et enseigniez l'anglais et le français au Centre de Langues à Tokyo. L'un de vos meilleur étudiants était Toshihiro SATO.

9. David KING. Vous allez en France en vacances avec votre femme, Alice. Vous êtes le recteur au Centre Médical de l'Université de Beaumont.

10. Edouard BLANC. Vous avez 23 ans. Vous êtes l'intendant à bord de l'avion à destination de Paris. Votre ancienne petite amie de lycée, que vous n'avez pas vue depuis cinq ans, pense étudier la médecine en France. Elle s'appelle Joanne CLAIR.

Qui Suis-je?

Brief Description

This is a variation of *Twenty Questions*. The number of questions is reduced to 10 and the field is reduced to categories of people, e.g. professions, or famous people. The class is divided into two teams and each team takes turns trying to guess the identities of the opposing players.

Purpose

The game will require the students to practice yes-no questions. It can also serve as a vocabulary review of selected areas, e.g. music, sports, politics, etc.

Preparation

Write the name of a famous person and (optionally) a brief descriptive phrase on each card. All the people should be in the same field, e.g. music. A sample card might read: *Edith Piaf, chanteuse populaire; française*.

Procedure

1. Describe the game to the students and tell what field the personalities are in. Emphasize that questions must be of the yes-no variety and that the respondent answers with only *Oui ou Non*. Explain that only 10 questions may be asked.

2. Divide the class into two teams and hand out the cards. Players may show their cards to others on their team.

3. Assist students who need help identifying their characters by stepping outside the room for private consultations.

4. Alternate the guessing from one team to the other until all students have been quizzed on the identity of their personalities.

5. The team with the most correct identifications wins.

Instructions For students in French:

1. *Mettez-vous en deux équipes. L'objet du jeu est de deviner le personnage de l'autre équipe.*

2. *Chaque équipe peut poser dix questions. Les réponses sont seulement "Oui" ou "Non."*

3. *L'équipe qui identifie le plus de personnages gagne.*

Variations

1. Set a time limit on each 10-question session. A three-minute egg timer is useful for this.

2. Allow one or two questions which are the the yes-no kind and which are not "who are you?"

3. If a team fails to guess the identity of the character, but can make a correct statement of five identifying facts, give them ½ point. Such a statement might be: "*Vous êtes un chanteur (1) pop (2) américain (3) et vous habitez encore. . . .*"

   The statement must be grammatically correct as well as factually correct.

4. Give each student a blank card and announce the category. Each student writes a name he or she knows on his/her card. Walk around and check for duplicates. If two or more students have written the same name, you will probably want to have one or both of them change.

Suggestions*

1. Métiers, professions   Page 67   66

2. Rôles sociaux (membres de la famille, ami, etc.)

3. Personnes à l'école (professeur, bibliothécaire, entraîneur, directeur, etc.)

4. Personnages politiques — du passé et du présent   68

5. Héros (contemporains, mythiques)

6. Artistes et sculpteurs   69

7. Vedettes de cinéma   70

8. Écrivains   71

9. Personnalités scientifiques   72

10. Philosophes

11. Vedettes de télé

12. Personnages locaux

13. Animaux célébres

14. Athlètes   73

15. Musiciens   74

* See sample games given on the pages indicated by the page numbers.

Qui Suis-je?　　　　　　　　Niveau: Elémentaire

Professions

le médecin

l'homme de science

l'avocat

l'ingénieur

le dentiste

le psychiatre

le pilote

l'infirmière

le soldat

le politicien

le comptable

l'artiste

l'athlète

l'acteur

l'écrivain

Niveau: Elémentaire   Qui Suis-je?

Metiers

le menuisier

le plombier

l'éléctricien

le conducteur de bus

le garçon

le peintre

le boucher

le pharmacien

le vendeur

le charcutier

le chauffeur de taxi

le mécanicien

l'ouvrier

le mineur

le fermier

Qui Suis-je?   Niveau: Intermédiaire

Personnages Politiques
(du passé)

Napoléon Bonaparte — français

Mao Tse-Tung — chinois

Louis XIV — français

Winston Churchill — anglais

Vercingétorix — gaulois

Anwar Sadat — égyptien

Henri Philippe Pétain — français

John F. Kennedy — américain

Cardinal de Richelieu — français

Charlemagne — français

Maurice Schumann — français

Jawaharal Nehru — indien

Alfred Dreyfus — français

Charles de Gaulle — français

Jeanne d'Arc — française

Niveau: Intermédiaire/Avancé   Qui Suis-je?

Artistes et Sculpteurs

Alexander Calder — sculpteur américain

Benvenuto Cellini — sculpteur italien

Paul Cézanne — peintre français

Salvador Dali — peintre espagnol

Albrecht Dürer — graveur allemand

Leonardo da Vinci — paintre italien

Edgar Degas — sculpteur français

Pablo Picasso — peintre espagnol

Rembrandt — peintre hollandais

Pierre -Auguste Renoir — peintre français

Paul Gauguin — peintre français

Auguste Rodin — sculpteur français

Vincent Van Gogh — peintre hollandais

Diégo Rivera — muraliste mexicain

Qui Suis-je?   Niveau: Intermédiaire/Avancé

Vedettes du Cinéma

Charlot

Catherine Deneuve

Jean-Paul Belmondo

Alain Delon

Yves Montand

Brigitte Bardot

Maurice Chevalier

Jeanne Moreau

John Wayne

Humphrey Bogart

Sophia Loren

Elizabeth Taylor

Paul Newman

Marilyn Monroe

Clark Gable

Astérix

Niveau: Intermédiaire/Avancé   Qui Suis-je?

Ecrivains

Honoré de Balzac — écrivain français

Marcel Proust — écrivain français

Georges Simenon — écrivain belge

Leon Tolstoy — écrivain russe

Edgar Allen Poe — poète et écrivain américain

Pablo Neruda — poète chilien

Rudyard Kipling — écrivain et poète anglas

Agatha Christie — romancière anglaise

Dante Alighieri — poète italien

Miguel de Cervantes — écrivain espagnol

Bertolt Brecht — écrivain allemand

Omar Khayyam — poète perse

Jules Verne — écrivain français

Ernest Hemingway — écrivain américain

Jacques Prévert — poète français

Qui Suis-je? Niveau: Intermédiaire/Avancé

Personnalités Scientifiques

Marie Curie — chimiste polonaise et française

Charles Darwin — naturaliste anglais

Thomas Edison — inventeur américain

Albert Einstein — physicien allemand et américain

Enrico Fermi — physicien italien

Sigmund Freud — psychiâtre autrichien

Galileo Galilei — astronome et physicien italien

Blaise Pascal — mathématicien et philosophe français

Louis Pasteur — chimiste français

Louis Leakey — anthropologue anglais

Rudolf Diesel — ingénieur allemand

Alexandre Humbolt — explorateur allemand

Isaac Newton — mathématicien et philosophe anglais

Margaret Mead — anthropologue américaine

Michael Faraday — physicien anglais

Niveau: Intermédiaire/Avancé   Qui Suis-je?

Athlètes

Muhammad Ali — boxeur; américain

Wilt Chamberlain — joueur de basket; américain

Peggy Fleming — patineuse; américaine

Jean-Claude Killy — skieur; français

Pélé — joueur de foot brésilien

O. J. Simpson — joueur de football américain

Jack Nicklaus — joueur de golf américain

Bill Rogers — coureur à pied; américain

Ingemar Stenmark — skieur; suédois

Chris Evert-Lloyd — joueuse de tennis; américaine

Bjorn Borg — joueur de tennis; américaine

Billie Jean King — joueuse de tennis; américaine

Martina Navratilova — joueuse de tennis; tchèque

Greg Lemond — cycliste; américain

Qui Suis-je?   Niveau: Intermédiaire/Avancé

Musiciens

Boy George — chanteur pop; anglais

Olivia Newton-John — chanteuse de rock; australienne

Seiji Ozawa — chef d'orchestre, L'Orchestre Symphonique de Boston, japanais

Andrés Segovia — guitariste classique, espagnol

Mick Jagger — chanteur de rock; anglais

Ella Fitzgerald — chanteuse de jazz; américaine

Hector Berlioz — compositeur; français

Ludwig von Beethoven — compositeur; allemand

Mikis Theodorakis — compositeur, chanteur; grec

Elvis Presley — chanteur de rock; américain

Edith Piaf — chanteuse populaire; française

Julio Iglésas — chanteur pop; espagnol

John Lennon — chanteur et compositeur pop; anglais

Wolfgang Amadeus Mozart — compositeur; autrichien

Jacques Brel — chanteur et compositeur; belge